HISTOIRE DE LYON

PENDANT

LES JOURNÉES DES 21, 22 ET 23 NOVEMBRE 1831.

LYON. — IMPRIMERIE DE LOUIS PERRIN.

HISTOIRE
DE LYON

PENDANT

les Journées

DES 21, 22 ET 23 NOVEMBRE 1831,

CONTENANT

LES CAUSES, LES CONSÉQUENCES ET LES SUITES DE CES DÉPLORABLES
ÉVÉNEMENTS.

Auguste Baron, éditeur.

Quœque miserrima vidi et quorum
pars magna fui..... incipiam.

LYON.

AUGUSTE BARON, LIBRAIRE, RUE CLERMONT.

PARIS.

MOUTARDIER, RUE GIT-LE-CŒUR, N. 4.

1832.

Avis de l'Éditeur.

*

En publiant un récit minutieusement exact des trois sanglantes journées des 21, 22 et 23 novembre 1831, l'Éditeur croit offrir, non un vain aliment à la curiosité publique, mais bien présenter à la méditation de tous les hommes sages un champ de réflexions profondes dont le but doit tendre à nous garantir d'aussi funestes retours !!.....

Une ville ordinairement calme, amie de l'ordre, du travail et de la tranquillité publique, a été transformée en une arène sanglante !.... Le plus fort ou le plus adroit a tué le moins fort ou le moins adroit ! Des hommes tous frères, citoyens du même foyer, se sont vus en présence les armes à la main, et ils ont fait de ces armes un usage meurtrier ! La colère des uns et des autres a été impitoyable ! Pendant trois jours ils ont oublié que le sang qu'ils versaient, ils le devaient à la patrie, rien qu'à elle. Pleurons sur leur erreur, en regrettant que d'aussi mâles courages se soient exercés sur des poitrines amies!..... Mais point de reproches à ceux qui survivent, long-temps sans doute leur cœur saignera au souvenir de ces vestiges de massacres dont ils nous ont fait les pénibles spectateurs. Gardons-nous donc d'aggraver par de poignantes réflexions une douleur qui doit être bien amère !

Oh! qui effacera de notre mémoire ces cris lugubres, ces scènes de désespoir, ces convois de blessés et ce silence de mort, silence si effrayant?... Ces jours de deuils et de larmes, ces jours de stupeur et d'ef-

froi, et ces nuits, ces longues nuits d'ago-
nie, qui les effacera ?........ N'effacez rien,
Lyonnais !.... n'oubliez rien ! que ces trois
fatales journées restent à jamais gravées
dans vos souvenirs ! De ces trois jours,
n'oubliez que le nom des combattants !
Fermez désormais votre cœur à la haine
et à la vengeance, pour l'ouvrir à des sentiments doux et philanthropiques ; enfin,
que votre raison sache puiser dans ce
drame si court et si lugubre, non des
pensées sinistres et désolantes, mais des
leçons de prudence et d'humanité !

A CE PRIX SEULEMENT, LE SANG RÉPANDU
NE FUMERA PLUS.

CONSIDÉRATIONS

SUR

LES CAUSES ET LES MOYENS CURATIFS.

Les causes de la décadence de nos fabriques sont multiples ; les unes tiennent à la nature même des choses, les autres peuvent être atténuées ou vaincues par le concours du gouvernement, de l'administration municipale, et les efforts et les sacrifices mutuels des fabricants et des ouvriers : ce n'est qu'ainsi que la tempête pourra être conjurée, et son ancienne gloire rendue à notre commerce.

Les succès obtenus par la ville de Lyon dans la fabrication des soiries, la supériorité reconnue de sa main-d'œuvre dans les ouvrages délicats, la science des teinturiers qui revêtent les étoffes de couleurs durables et éclatantes, le goût parfait des dessinateurs lyonnais, ont répandu cette opinion : que toute concurrence élevée contre elle était impossible. Cependant, et malgré les avantages que nous venons d'énumérer, l'extension du commerce, la facilité des communications, l'augmentation des puissances commerciales, et plus encore les circonstances politiques et la diffusion des lumières ont bientôt répandu dans l'Europe la première de toutes les industries de France, et lui ont formé une opposition redoutable.

Les Anglais, qui nous devancent ou marchent nos égaux dans toutes les routes industrielles, sont non seulement parvenus à se soustraire au tribut annuel de treize millions qu'ils nous payaient pour l'importation et la consommation de nos étoffes de soie ; mais encore ils exportent pour quatre millions de soiries indigènes, et quoiqu'ils n'égalent pas encore le brillant de notre façonné, ils font fabriquer pour cinquante francs à Manchester, au moyen de leurs machines à vapeur, des unis que les fabricants français ne peuvent faire confectionner que pour quatre-vingts ou quatre-vingt-dix centimes ; de plus, les soies qu'ils tirent exclusivement du Bengale et d'autres provinces de l'Asie, sont cotées à un prix de beaucoup inférieur à celui des soies d'Espagne et d'Italie, qui sont, pour la matière première, nos seuls marchés d'achats.

L'Italie s'efforce , sous l'influence autrichienne , d'échapper à notre puissance industrielle ; elle augmente le nombre de ses métiers à Milan , à Lucques , à Turin.

La Suisse, où l'ouvrier vit de peu, établit à Bâle , à Berne , à Zurich , une concurrence d'autant plus à craindre qu'elle est à nos portes , et qu'elle nous exclut de plusieurs pays que nous avions le privilége d'approvisionner. Les vingt-deux mille métiers qui battent à Vienne , à Éberfeld , à Crevelt , à Cologne , Berlin , tendent à nous éloigner des foires de Francfort , de Leipsick et de tout le nord.

La Hollande s'est , depuis 1814 , fournie en Belgique des soiries qu'elle consomme ; et en dépit des services rendus par la branche aînée des Bourbons au roi catholique , une ligne de douanes hostile n'a pas cessé d'entraver nos relations commerciales avec la péninsule espagnole. Ajoutons que la perte presque totale de nos colonies et la nullité actuelle de notre commerce avec l'Asie et l'Afrique , ont diminué le chiffre de nos transactions hors d'Europe. Il est donc évident qu'une concurrence redoutable cerne de toutes parts les manufactures lyonnaises. Un fait qui l'établira sans réplique , c'est que depuis la rivalité élevée par nos voisins , l'administration des douanes françaises a cru devoir protéger nos soiries manufacturières contre l'invasion des produits analogues étrangers , en frappant chaque kilogramme d'étoffes de soie d'un droit de dix-sept francs pour l'uni, et de vingt francs pour le façonné.

D'autre part, la consommation intérieure des étoffes de soie, loin d'être proportionnelle au progrès de l'industrie, a pris, depuis huit ans, une marche rétrograde, et de toutes les productions manufacturières, c'est elle qui a souffert le plus. La comparaison de deux chiffres va nous démontrer de combien il s'en faut que la consommation intérieure des soiries soit en proportion avec le besoin de nos manufactures. Le patriotisme des Anglais a élevé la leur à la somme énorme de 247 millions de francs par année; la nôtre, évaluée d'après une moyenne de dix ans, est de cent millions; cependant notre population excède de seize millions d'habitants celle de l'Écosse et de l'Angleterre proprement dite. La multiplicité des étoffes de laine pour les vêtements des deux sexes pendant l'hiver, et l'emploi général des tissus de coton pendant l'été, n'expliquent pas l'infériorité de la consommation française; car leur usage est au moins aussi étendu chez nos voisins d'outre-mer que chez nous. Une autre raison de notre souffrance est dans le peu de succès relatifs de la culture du mûrier. Les quarante millions que nous donnons chaque année à l'Italie et à l'Espagne seraient diminués des droits d'entrée, des frais de transport et des chances, en cas de guerre, d'une augmentation équivalant à une prohibition ; si, au lieu de douze ou treize départements qui cultivent le mûrier, il était naturalisé dans les cinquante-sept départements où il peut prospérer. Le fisc a commis une erreur, lorsqu'il a cru, en frappant d'un droit onéreux les soies du Piémont, de Naples et d'Espagne, protéger les soies indigènes ; ·l'expérience a démontré que ce droit était insuffisant et nuisible à la fois. Le manque des débouchés pour l'exportation des produits agricoles et manufacturiers, un système de douanes mal conçu, l'extension du commerce étranger, qui a pris six fois plus de développement qu'il n'en avait en 1789, la consommation intérieure et coloniale plus restreinte, sont les principales sources d'où découle la misère publique. Ajoutez-y la cherté des loyers, de l'entretien, du chauffage et des subsistances, que l'ouvrier ne se procure qu'à des prix excessifs. Voilà les causes de l'inertie prolongée de l'industrie lyonnaise.

Qu'a-t-on fait pour guérir tous les maux que présageaient ces inconvénients ? Quelle digue leur a-t-on opposée ? Les ouvriers se plaignaient à bon droit de leur misère, et dans leur ignorance des principes les plus simples d'économie industrielle, ils ne voyaient un remède à leurs souffrances que dans l'élévation invariable du prix de la main-d'œuvre. De là l'idée d'un tarif cru possible par le premier magistrat du département. Dans sa sollicitude pour la classe malheureuse, M. Bouvier-Dumolart a oublié que l'autorité ne peut ni ne doit intervenir dans le réglement des intérêts privés, qu'il est impossible d'imposer des conditions à l'industrie, fille de la liberté, et que la concurrence et les intérêts particuliers suffisent seuls pour régler la part que la main-d'œuvre doit prendre sur la' valeur des tissus. Comment a-t-on pu oublier que le salaire de la façon est généralement proportionné au bénéfice du commerce. Le tarif a été un malheur de plus pour la fabrique, et il faut le joindre à ceux que nous avons énoncés.

Il nous a été facile d'accumuler les causes de la détresse de nos manufactures : elles frappent nos yeux, nous touchent, nous pressent ; mais il ne suffit pas de connaître le mal, et pourrons-nous aussi facilement donner les moyens d'en tarir la source ? Examinons attentivement quelle influence peuvent exercer sur notre industrie le gouvernement, la cité et les particuliers.

Que l'administration n'oublie pas que nos manufactures de soirie composent la plus belle branche de notre commerce d'exportation. L'inconvénient qui résulte de l'insuffisance des débouchés et de l'extension du commerce étranger qui nous contraignent à nous ouvrir de nouveaux marchés, peut être efficacement combattu par le pouvoir gouvernemental : notre ministre des affaires étrangères peut mettre à profit la sympathie qu'a dû exercer notre révolution de 1830 sur les états affranchis de l'Amérique Méridionale. Ces rapports, qui doivent être soigneusement entretenus, seront avantageux à nos transactions futures, et amèneront une intimité d'autant plus précieuse que les millions d'hommes de l'Amérique du Sud sont amis du luxe, exploitent les métaux précieux, et sont étrangers à toute industrie.

L'écho du canon de Navarin, qui retentit encore en Grèce, nous facilite les moyens de créer des relations avec ce pays, qui possède la soie, l'huile et le coton, pour moyens d'échange.

Les Hellènes ne demandent pas mieux que de se jeter dans les bras de la France. Peuples nouveaux et jaloux de leur indépendance, ils se défient de la protection intéressée de la Russie ; les maîtres des îles Ioniennes ne leur inspirent guère plus de sécurité ; nous seuls pouvons profiter de l'influence que nos services nous ont acquise, pour partager les richesses de cette contrée vierge encore. Le courroux brutal du colosse du nord et l'astuce polie de l'Angleterre ne doivent pas nous détourner de cet utile projet. La France, libre, peut parler maintenant assez haut dans les cabinets de l'Europe, pour qu'on y regarde à deux fois avant de traverser les routes qu'elle juge convenable de prendre pour assurer sa prospérité. L'amitié de la Turquie, réveillée par la crainte de l'autocrate, doit plus que jamais être cultivée. Le commerce lyonnais se rappelle encore que les échelles étaient autrefois le marché le plus profitable du monde pour le riche façonné ! En Afrique la possession d'Alger et de Tunis peut doublement servir à nos intérêts commerciaux. Des traités, ou mieux, des tarifs mobiles de commerce, réciproquement favorables, convenus avec les puissances italiennes permettraient aux produits de nos manufactures de se présenter avec confiance dans les marchés de Naples, Rome, Florence et Milan. La haine nationale qui sépare la Belgique de la Hollande peut faire renaître avec cette dernière nos rapports commerciaux, et notre situation de créancier patient de l'Espagne peut nous mettre en droit d'exiger que sa triple ligne de douanes soit moins menaçante.

Le gouvernement français, en entretenant partout où ils peuvent être utiles, des agents consulaires fermes, éclairés, fidèles et prudents, qui instruiraient exactement l'état et le commerce de tout ce qui peut nuire à notre exportation et de tout ce qui peut lui être utile, servirait efficacement toutes les industries du royaume, et surtout celle de Lyon. Ce n'est pourtant pas par la diminution du commerce extérieur, que la fabrique lyonnaise éprouve la plus vive souffrance ; la véritable plaie qui la dévore est dans la consommation intérieure trop restreinte. Disons, avec un économiste fameux, que, « lorsque la consommation intérieure d'un pays est au dessous de sa production, et que l'exportation ne vient pas à son aide pour la guérir de la pléthore industrielle, la fortune publique recule, le bonheur public diminue, et la population, en supportant les effets désastreux d'une marche rétrograde, est cruellement surprise de se trouver en proie à la misère, au sein d'une apparente prospérité ». Tel est l'état de la France depuis la crise commerciale de 1824. Chaque année sa consommation devient moins forte et sa fabrication tend à s'accroître. C'est donc à multiplier en France l'usage des soiries, à en faire naître le goût et le besoin, que l'on doit s'appliquer promptement et avec sollicitude. La cour peut, pour obtenir ce succès, prendre une heureuse initiative : que les étoffes de soie soient adoptées par elle dans les deuils, les costumes de cour, les uniformes civils, les draperies, les ameublements, les tentures, les ornements d'église ; l'imitation, qui est en France une puissance, popularisera bientôt la toilette des Tuileries et du Palais-Royal. Alors les fabricants, encouragés par le luxe, ne négligeront rien pour perfectionner et varier leurs produits d'après le goût où les habitudes des consommateurs. L'exemple de la France réagirait sur ses colonies qui imitent et exagèrent toujours les modes de la mère-patrie. L'approvisionnement de nos magasins en soiries indigènes serait aussi très avantageux à Lyon; mais, ainsi que nous l'avons déja dit, ce ne sera point en frappant les soies étrangères d'un droit onéreux au commerce, qu'on protégera la culture des mûriers. On pourrait appeler cette protection des douanes un encouragement négatif. Il est par conséquent nuisible ; c'est par de fortes primes, des récompenses honorables, qu'il faut mettre notre agriculture en position de soutenir la concurrence avec l'étranger. On peut, de plus, populariser la plantation de cet arbre précieux, en faisant des distributions gratuites de jeunes plants dans les pépinières royales et départementales.

Une autre série d'obstacles à notre prospérité, obstacles que nous pouvons appeler *moraux*, doit attirer l'attention du législateur et des citoyens. La partie la plus nombreuse de la cité, celle qui paie la masse de l'impôt indirect, celle qui tient en ses mains toute la force matérielle, ignore absolument ses droits et ses devoirs. L'État, dont elle est la véritable puissance, ne fait rien pour son bien-être intellectuel et positif; le lien religieux ne l'enchaîne pas, la morale n'est chez elle qu'une sorte de coutume qui produit des effets purement instinctifs. Comment donc blâmer de ses erreurs cette classe déshéritée de la société qui, depuis

quarante ans , réclame le bienfait de l'instruction?
Cependant des édifices somptueux s'élèvent , le
panem et circenses semble être de nouveau le seul
besoin du peuple. Quatre millions sont prodigués
pour reconstruire un théâtre , et pas une école ne
s'ouvre pour les ouvriers. Que les véritables pa-
triotes s'unissent pour remplir cette lacune du
pouvoir ! n'ont-ils pas vu que leur fortune , leur
vie pouvaient dépendre des passions des masses
exaspérées ou séduites ? Que de véritables sacrifices
soient faits à l'humanité !

Quant au salaire reconnu trop faible de l'ouvrier,
il s'explique par l'élévation des dépenses que né-
cessite son séjour dans une ville populeuse. On
peut, terme moyen, évaluer à cinq cent quarante-
sept francs cinquante centimes les frais de nour-
riture , d'entretien , de loyer , de chauffage et de
lumière faits par chaque habitant actif de notre
cité. A deux ou trois lieues , elle égale à peine
trois cents francs. Cette différence de nombre doit
inspirer aux ouvriers , d'unis surtout , l'énergique
résolution de quitter Lyon pour s'établir dans les
bourgs, villages , hameaux , maisons isolées qui
l'entourent. L'économie qu'ils feraient par cette
translation leur assurerait une honnête aisance ,
même avec un prix de façon moindre que celui
qu'ils reçoivent. Tout nous indique qu'il faut prendre un parti extrême pour conserver , au moins

dans le département , une industrie, pour ainsi dire , née dans nos murs. Les débats des chambres , les opinions de MM. Dugas-Montbel , Jars et Fulchiron , nous prouvent que le salaire des étoffes unies est comparativement trop élevé ; il faut que nous nous interdisions à tout jamais le commerce des soiries dans le nord ; si nous ne parvenons pas à fabriquer à meilleur marché que la Suisse et l'Allemagne.

Les ouvriers de Bâle et de Zurich ont donné à nos compatriotes l'exemple de l'émigration hors des cités ; et l'industrieuse ville de Saint-Étienne ne se soutient avec vigueur contre la concurrence étrangère, que parce qu'elle a répandu ses métiers jusqu'à cinq lieues de ses murailles. Nous savons que ce remède héroïque irriterait beaucoup d'intérêts privés, et qu'il convient, avant de l'appliquer , d'en bien constater l'urgence. Il serait préférable que l'administration citoyenne , hautement intéressée à la prospérité de nos fabriques et à l'accroissement de la population , trouvât dans les économies possibles de son budget, ou dans un impôt sur le luxe , la possibilité d'abolir , ou au moins de réduire considérablement les droits sur les consommations, qui pèsent d'un poids intolérable sur la classe la plus malheureuse de la société. Que le conseil municipal de Lyon y réfléchisse : il ne s'agit pas moins que de contraindre à la désertion le cinquième des habitants , ou d'être sans cesse menacés par des besoins d'autant plus exigeants qu'ils sont impérieux et inévitables. La somme que d'ailleurs il faudrait voter pour satisfaire à la faim de plusieurs milliers de familles, égalerait la différence de l'impôt actuel à l'impôt abaissé , et il vaut mieux donner à l'homme du travail qui l'élève et l'honore à ses propres yeux , que lui jeter l'aumône qui l'avilit, restreint ses plus nobles facultés, et le voue à une paresse incurable. Il importe surtout de ne pas retarder les bienfaits que le peuple doit recevoir d'un nouvel ordre de choses : le bien promptement fait double de valeur ; et quand le temps des sacrifices est arrivé , il vaut mieux en diriger l'emploi que de se les laisser arracher pour qu'ils soient consommés sans fruit (*).

(*) Ces considérations ont été extraites d'un ouvrage que M. Baune, professeur à l'institution Saint-Clair , se propose d'adresser à ses concitoyens.

NOTICE PRÉLIMINAIRE.

Depuis long-temps les ouvriers en soirie , prévoyant les suites funestes d'une décadence dans la première branche de notre commerce , ne virent pas se former l'orage qui , tôt ou tard , devait éclater sur leur tête , sans parer de quelque manière au malheur qui les menaçait. Ceux d'entre eux qui avaient le plus d'expérience , imaginèrent divers moyens d'économie domestique , tels que des banques de prévoyance. Il y eut toujours unanimité d'adhésion ; mais l'application de ces différents projets ne répondit pas à leur attente , et ils furent contraints d'y renoncer , les reconnaissant impossibles et impraticables. En 1830 ils résolurent de se créer un trésor , et dans ce but, chaque chef d'atelier était tenu de verser à la caisse d'abord la modique somme de trois francs , puis de vingt-cinq centimes par mois , pour chaque métier battant. L'intérêt de ce capital, présumé pouvoir s'élever la première année à cent mille francs, et vingt années plus tard, à près d'un million, devait être consacré à subvenir aux besoins des ouvriers malades ou nécessiteux. Ce projet, digne de nos économistes célèbres, eût parfaitement rempli le but que l'on se proposait, si notre industrie, frappée au cœur (nous avons donné les causes de ce malaise dans le chapitre précédent), ne les eût accablés de tout le poids de la misère. Nous avons vu ces malheureux gisant dans leurs ateliers déserts, manquer des choses de la plus urgente nécessité, et s'abandonner aux actes d'un affreux désespoir. Ajoutons aussi que nous avons vu l'humble charité sous les traits de nos épouses, porter des secours et des consolations dans ces séjours de douleur.

Dans le mois de février 1831, la pétition suivante fut signée de quatre mille ouvriers :

LES SOUSSIGNÉS, OUVRIERS EN SOIE DE LA VILLE DE LYON,

A Messieurs les Membres de la Chambre des Députés.

« Messieurs,

« Sous un gouvernement constitutionnel, sous

le règne d'un Roi qui ne veut que la vérité , qui ne désire que le bonheur de ses sujets , cette vérité doit être pour tous , et ne peut être illusoire pour personne ; ainsi tous les citoyens ont un égal droit pour manifester leurs sentiments , pour détruire les abus qui existent et ramener les choses dans cet état de légalité sans lequel le corps social ne peut subsister.

« Il existe à Lyon un conseil de prud'hommes , établi seulement par un décret impérial ; cet acte , despotique sous tous les rapports , établit une juridiction qui est absolument en dehors de la Charte, puisque les jugements de ce prétendu tribunal sont toujours rendus à huis-clos ; aussi ses décisions sont presque toujours empreintes de quelques injustices qui résultent nécessairement de ce que , la défense n'étant ni libre ni publique , les juges peuvent être jetés dans des erreurs énormes ; et c'est précisément ce qui arrive.

« En établissant ce conseil de prud'hommes , le gouvernement avait voulu créer une juridiction arbitrale et des aimables compositeurs entre les marchands fabricants et les ouvriers. Dans de principe , ce but était juste ; c'était le moyen d'éviter des frais et de concilier les parties plus aisément ; mais le but que l'on avait cru atteindre , fut entièrement manqué. Ce conseil occulte ne fut plus qu'un bureau favorable aux marchands fabricants ;

au lieu d'être un juste intermédiaire également pour tous : tant il est vrai de dire que ce qui s'écarte de la légalité ne produit que d'immenses abus.

« Les pétitionnaires ne se permettront pas de vous en faire l'énumération : ils sont si nombreux, si connus de tout le monde, que ce serait abuser de vos précieux moments. Cependant, s'il s'élevait des doutes sur la justice de leur réclamation, ils produiraient à la Chambre un mémoire explicatif de tout, et ils peuvent assurer d'avance que les faits qui y seront cotés ne seront désavoués par personne.

« C'est simplement dans l'intérêt général, que les soussignés ont l'honneur, Messieurs, de s'adresser à vous ; ils savent que l'équité préside à vos décisions ; ils savent que vos vues sont de donner à la France des lois stables, qui soient en harmonie avec le gouvernement représentatif ; et peut-être de toutes celles qui seront portées devant vous, il n'en est pas de plus urgente que celle-ci, puisqu'elle est liée à l'existence de la moitié au moins de la population.

« Dans une hypothèse aussi déplorable, les soussignés ont pensé, Messieurs, qu'il serait à propos de soumettre à votre perspicacité les idées qu'ils ont conçues pour la formation d'un tribunal dont les audiences seraient publiques, devant lequel chacun aurait un droit égal de plaider ses moyens, ou de les faire expliquer par un homme de confiance pris parmi les personnes de la même profession, munies de l'avis du Bureau ou de l'assignation.

« Ce tribunal serait composé d'un président, de deux vice-présidents, de huit prud'hommes et de huit suppléants, pris par moitié entre les marchands fabricants et les ouvriers, excepté les présidents, qui seraient choisis parmi les personnes qui ont exercé honorablement la profession, et qui ne le font plus maintenant.

« Ce tribunal serait divisé en deux sections, et lorsqu'il y aurait appel, l'affaire serait renvoyée d'une section à l'autre, et chaque partie aurait le droit de récuser un certain nombre de juges, sans donner aucun motif.

« Les présidents et les juges seraient nommés en assemblée générale, à la pluralité des voix : cette assemblée se composerait naturellement des fabricants et des ouvriers ayant la direction au moins de quatre métiers.

« En adoptant, Messieurs, une mesure aussi simple, vous rendrez le service le plus important, vous rétablirez l'équilibre qui a été renversé, et les ouvriers jouiront avec sécurité de leurs droits, tout comme les fabricants ; alors il n'y aurait plus d'injustice, plus de vexations, plus de monopole, plus d'abus, et chacun bénirait vos destinées, puisque vous auriez contribué au bonheur commun.

« C'est avec la plus grande confiance que les soussignés s'adressent à vous : ils savent que la cause des opprimés fut toujours la vôtre.

« Ils ont l'honneur d'être, etc. »

Les chefs d'atelier, désespérant d'améliorer le sort de la classe dont ils étaient les seuls appuis et les représentants, convinrent néanmoins d'une assemblée générale pour aviser à de nouveaux moyens. Dans cette réunion, l'augmentation de la main-d'œuvre parut aux yeux de tous l'unique et dernière ressource, la dernière ancre de salut : de là l'idée du tarif. Ceci eut lieu le 8 octobre, et le 10, une seconde séance s'occupa de la formation d'un bureau.

Un chef d'atelier nommé Bouvery, connu pour avoir présidé une ancienne association qui, quatre ans auparavant, s'était infructueusement occupée de l'amélioration du sort des ouvriers, consentit à la présider, sous la condition expresse que l'ordre public serait avant tout respecté. On lui adjoignit par la voie du scrutin un vice-président et quatre secrétaires.

Le 10, Bouvery informa l'autorité de ce qui se passait, et, pour la prémunir contre des rapports

infidèles, fit introduire dans le sein de leurs as-
semblées le commissaire central de police.

Leur premier acte fut la rédaction de l'adresse
suivante à M. le Préfet :

« Monsieur le Préfet ,

« Les chefs d'ateliers , fabricants d'étoffes de
soie , unies et façonnées, de la ville de Lyon et de
ses faubourgs , viennent , par notre organe , vous
prier d'agréer leurs sentiments respectueux et réclamer de votre paternelle sollicitude tout l'intérêt
que mérite leur position.

« Depuis long-temps, Monsieur le Préfet, cette
partie industrieuse et intéressante de la population
de cette ville, confiée à votre administration,
souffre, en butte, par sa position sociale, à des
tracasseries sans nombre dans l'exercice de son
industrie ; et le moment est venu où , cédant à
l'impérieuse nécessité , elle doit et veut chercher
un terme à sa misère.

« Loin d'elle, Monsieur le Préfet, l'idée d'arriver
à son but par des voies violentes et illégales : la
classe ouvrière , éclairée de jour en jour par le
flambeau de la civilisation , n'ignore pas que ce
n'est que par l'ordre et la tranquillité qu'elle ob-
tiendra cette confiance, base fondamentale du commerce , qui lui assure par son travail une ressource

à ses besoins journaliers, et lui donne les moyens de pourvoir au soutien de sa vieillesse.

« Le court espace d'une simple adresse ne nous permet pas, Monsieur le Préfet, de vous détailler tous les abus dont nous avons à nous plaindre, ni les moyens que nous proposerons pour les détruire ; mais si, contre toute attente et toute justice, nous étions trompés dans notre espoir, nous nous réservons de les consigner dans un mémoire, où nous déroulerons, aux yeux de nos concitoyens, toute la turpitude d'un trop grand nombre de négociants sans pudeur, avec lesquels nous sommes en rapport, *pour la fortune desquels nous devançons l'aurore et prolongeons, bien avant dans la nuit, un travail dont ils ne rougissent pas de diminuer journellement le salaire.*

« C'est dans ce but, Monsieur le Préfet, que les maîtres ouvriers, fabricants de la ville de Lyon et de ses faubourgs, ont choisi deux d'entre eux, par quartier, pour former une commission chargée de recueillir tous les renseignements qui concernent leur industrie, et les moyens d'en détruire les nombreux abus, par la création d'un tarif et d'un réglement qui seront discutés et réglés par les parties intéressées. Cette commission, composée de gens possédant l'estime et la confiance de leurs mandataires et de leurs concitoyens, vous est un sûr garant que l'ordre et la tranquillité publique ne

seront pas troublés , et le mode d'opération adop-
té par elle lui fait espérer qu'elle arrivera , sans
grand obstacle, au résultat qu'elle se propose et
qu'elle attend de la justice et de l'équité.

« Sachant, Monsieur le Préfet, à quel haut point
vous possédez, à juste titre , l'affection de vos administrés, elle vous supplie d'apporter votre mé-
diation bienveillante dans les débats qui vont s'ouvrir, et d'accorder aux deux parties intéressées la
même protection qu'elles méritent également.

« Confiants sur votre amour pour tout ce qui tient
au bonheur de l'humanité et à l'harmonie qui doit
exister dans les rapports de toutes les classes de la
société, nous mettons en vous notre espérance, et
vous supplions d'agréer l'assurance du plus pro-
fond respect avec lequel nous avons l'honneur
d'être ,

« Monsieur le Préfet,

Vos très humbles et obéissants serviteurs ,

*Les Membres composant le bureau de la commission
des chefs d'atelier de la ville de Lyon et ses faubourgs,*

BOUVERY, président; FALCONNET, vice-président.
GUILLOT, LABORY, ROZIER, MAÇON-SIBUT, BERNARD, MAREL,
CHARNIER, BONNARD, LAVALÉE. »

M. le Préfet reçut cette députation avec bien-
veillance , et répondit qu'il ferait tout ce qui serait en son pouvoir pour améliorer le sort de cette

classe industrielle. Il l'avait déja devancée, assurait-il, dans ses projets d'amélioration, en sollicitant du gouvernement un fonds de quatre à cinq cents mille francs pour établir une banque de prêt, où les ouvriers trouveraient une ressource dans les temps de disette et de manque d'ouvrage.

Qui eût pu prévoir que le projet de ce tarif devait amener de si funestes conséquences? Dans cette circonstance, notre premier magistrat ne prit conseil que de son cœur ému au récit du déplorable état de cette nombreuse population. Il promit qu'il la convoquerait le plus tôt possible pour discuter contradictoirement avec MM. les Fabricants la base et la fixation du tarif.

La lettre suivante fut envoyée en remercîment à M. le Préfet par la commission des ouvriers :

« Monsieur le Préfet ,

« Les membres de la commission générale des chefs d'atelier de la ville de Lyon et de ses faubourgs , vous prient d'agréer les sentiments de la plus respectueuse reconnaissance ; ils sauront garder le souvenir de tout ce que vous avez fait pour la classe ouvrière , qui , elle-même , vous donne le nom de protecteur et de père.

« Juste appréciateur de votre noble et paternelle condescendance, la commission a compris combien fut grande la modestie du premier magistrat du département. Pour être utile à ses administrés, il a bien voulu descendre de la hauteur de ses attributions pour concourir à ce pacte d'union, qui nous assure désormais des garanties toujours promises et jusqu'à présent toujours refusées.

« Oui, Monsieur le Préfet, le souvenir d'un acte aussi solennel, que vous avez daigné appuyer de toute votre influence et pour l'obtention duquel vous avez employé toute votre sollicitude, sera à jamais gravé dans les cœurs, comme le nom de notre premier magistrat, Du Molart. »

(Suivent les signatures.)

La première réunion eut lieu le 21. Elle fut présidée par M. le préfet, assisté des maires de Lyon, de La Croix-Rousse, de Vaise et de La Guillotière, de la chambre du Commerce et de quelques membres du conseil des Prud'hommes. Sur l'observation de MM. les négociants présents, qu'ils n'avaient aucun mandat pour traiter avec la commission des ouvriers, M. le préfet fit remarquer que les tarifs antérieurs avaient été consentis par un nombre bien inférieur. Les délégués des ouvriers répondirent unanimement que leur travail était fait, qu'ils avaient reçu un mandat spécial de leurs commettants pour ne traiter qu'avec des chefs de commerce munis des mêmes pouvoirs. Tous sentirent la justesse de ce raisonnement, et M. le préfet annonça qu'une convocation de MM. les négociants aurait lieu dans le plus bref délai , à l'effet de nommer leurs délégués; ce qui fut fait le 24.

Le 25 , à onze heures du matin , eut lieu la réunion des deux commissions. Les ouvriers s'étaient réunis par quartier, afin de se rendre sur la place Bellecour. Nous n'avons qu'à les féliciter des mesures d'ordre adoptées par eux. Ils s'étaient organisés par subdivisions; chaque subdivision était commandée, ou, pour mieux dire, surveillée par un délégué de la commission, qui en était responsable. Ainsi organisés , ils traversèrent plusieurs parties de la ville pour se réunir au lieu du rendez-vous ; là, aucun cri ne fut proféré , rien ne fit présager le moindre trouble ; ils attendaient avec patience le résultat des délibérations.

La séance fut ouverte par un discours de M. le préfet sur l'urgence du tarif sollicité , et le bien qui devait en résulter.

Le discours terminé , les commissions se divisèrent par catégories d'articles, et après des débats continus pendant quatre heures, les tableaux faits et présentés par la commission des ouvriers, furent signés par elle et par celle de MM. les négociants.

La séance levée, la multitude fut introduite dans la cour de la Préfecture ; M. le préfet, en costume, s'avança au milieu d'elle et lui adressa quelques paroles de félicitation sur l'ordre et la tranquillité qui avaient présidé à toutes ses réunions. Ce magistrat fut souvent interrompu par les cris mille fois répétés de *vive M. le Préfet ! vive notre père !*

Quelques fabricants se soumirent au nouveau réglement ; mais le plus grand nombre l'ayant trouvé impraticable, ils adressèrent la protestation suivante à la Chambre des Députés :

« L'une des plus graves questions qui puissent s'agiter dans nos sociétés modernes, où les intérêts matériels occupent une si grande place, vient d'être tranchée à Lyon, avec une incroyable légéreté : c'était celle du paiement de la main-d'œuvre de l'ouvrier par le fabricant pour lequel il travaille. A cette question s'en rattachaient d'autres d'administration et d'ordre public. Nos autorités ont montré qu'elles n'en comprenaient aucune. Voici les faits :

« Depuis quelques années, la fabrique de Lyon ayant à soutenir la concurrence de celles de l'étranger, a été obligée de réduire progressivement le prix de ses étoffes. Sans cette réduction, il est incontestable qu'elle eût été depuis long-temps sans travail, et particulièrement depuis dix-huit mois. Tout le monde sait que le résultat momentané des derniers événements politiques a été d'arrêter la vente des produits manufacturés en France et sur le reste du continent. Cet effet d'une cause majeure n'est pas entièrement cessé, et d'ailleurs le choléra pourra bien continuer la langueur du commerce commencée par l'appréhension de la guerre générale. Dans ces circonstances, le débouché qu'a offert et que peut offrir encore à l'industrie lyonnaise l'Amérique du nord, est, sans contredit, le plus important de tous. Mais les affaires avec ce pays, par là même qu'elles sont très considérables, n'offrent qu'un bénéfice extrêmement limité. L'on comprendra donc que la façon des étoffes fabriquées pour cette destination ait dû être également très restreinte. Cette façon, qui serait relativement très considérable pour un ouvrier habitant la campagne, est actuellement tout-à-fait minime pour un ouvrier de Lyon, à cause de la cherté des locations et des subsistances, et encore, il faut bien le dire, à cause de certains besoins *factices* qu'on ne manque jamais de se créer au sein d'une grande ville.

« Au lieu d'attendre du retour de l'activité industrielle l'augmentation du prix de la main-d'œuvre, les ouvriers ont imaginé de l'obtenir au moyen d'un accord entre eux. Dire quel est l'auteur ou les auteurs du plan qui a été conçu à cet égard, serait sans doute difficile; toujours est-il qu'il a été exécuté avec un ensemble parfait, qui révèle une organisation récente, source future et certaine d'embarras pour notre ville. Au commencement d'octobre, les ouvriers avaient eu déja des réunions partielles, quand fut résolue une grande assemblée sur la place de La Croix-Rousse, à l'effet de nommer des commissaires chargés de stipuler, soit avec les autorités, soit avec les fabricants. Il faut bien remarquer que cette assemblée avait pour but de nommer des délégués, et non pas des chefs, car ils en avaient déja. Ils étaient déja partagés en circonscriptions de quartiers et de rues, chaque division ayant à sa tête un supérieur chargé de correspondre avec le bureau central, qui tenait ses séances dans une maison de la Croix-Rousse. Tout cela s'était fait à l'insu ou au mépris de la vigilance municipale. Il est vrai de dire que le commissaire central de police, averti de la grande réunion qui avait lieu, s'y était transporté, et après avoir écouté les doléances de ceux qui paraissaient les chefs du rassemblement, leur avait conseillé une démarche paisible et régulière auprès des autorités civiles pour leur exposer les besoins et les vœux de la classe des ouvriers tisseurs. Ce conseil était sage, nous ne savons s'il aurait été suivi ; mais notre mairie n'en attendit pas l'exécution, elle alla elle-même au devant des réclamations. Si les délégués des ouvriers se fussent présentés spontanément auprès des magistrats, ceux-ci auraient pu s'étonner et se plaindre des rassemblements qui avaient eu lieu, ils auraient été en droit de demander par qui tout cela avait été préparé , organisé. Mais M. l'adjoint remplissant les fonctions de maire de Lyon agit différemment, Avant que les délégués des ouvriers eussent pris l'initiative d'une démarche, il en choisit douze sur le nombre total , qu'il convoqua à l'Hôtel-de-Ville , reconnaissant et sanctionnant par là leur nomination irrégulière , peut-être même factieuse, puisqu'elle avait eu lieu par voie d'attroupement , sur l'appel d'on ne sait qui. Cette faute est la première de ce magistrat, qui en commit immédiatement deux autres ; celle d'appeler douze fabricants pour discuter les réclamations des ouvriers devant eux , et celle de s'abstenir de paraître à une réunion qu'il aurait dû présider lui-même. (Ceci avait lieu le 11 octobre.)

« Il ne faut point laisser passer , sans le remarquer, le piége tendu aux fabricants appelés à cette réunion. La lettre de convocation était ainsi concue : « J'ai l'honneur de vous inviter à venir dans « une des salles de l'Hôtel-de-Ville , demain à dix « heures du matin , pour parler d'affaires qui in« téressent la fabrique de Lyon. BOISSET, *adjoint.* » Les douze fabricants durent croire et crurent, en effet, qu'il s'agissait de donner avis à M. le maire sur les événements qui se passaient ou se préparaient , et non point d'entrer en discussion d'intérêts avec les représentants des ouvriers mutinés, sans préparation , sans intermédiaire.

« Une marche bien simple était indiquée par la raison dans cette affaire. La mairie de Lyon, après avoir pris connaissance de l'exposé des griefs des ouvriers, aurait pris le temps et les précautions nécessaires pour s'assurer de leur réalité ; elle aurait pu s'entourer de tous les renseignements possibles, faire expliquer sur ce sujet, en toute indépendance et toute liberté, soit les individus, soit le conseil des Prud'hommes et la chambre de Commerce, et enfin apporter des remèdes prudents aux maux qu'elle aurait reconnus vrais. Mais, au contraire, l'on a commencé par mettre en présence et, pour ainsi dire, aux prises deux classes d'intérêts opposés, et des hommes dont la moitié regardait l'autre comme ses persécuteurs. Il est arrivé de là qu'il n'y a pas eu liberté morale pour tout le monde ; nier cette vérité serait méconnaître le cœur humain.

« Dans cette réunion, qui a peut-être été la plus importante de toutes celles qui ont eu lieu depuis le commencement de cette affaire, parce qu'elle a ouvert la mauvaise voie dans laquelle on s'est malheureusement engagé, les ouvriers ne se contentèrent pas d'exposer leurs griefs : profitant de la position dans laquelle on les avait laissé mettre, ils demandèrent formellement une augmentation arbitraire du prix des façons ; et, traitant comme de puissance à puissance, ils proposèrent la fixation d'un tarif dont ils s'étaient déja occupés entre eux. On sent facilement tout l'embarras que dûrent éprouver les fabricants présents pour combattre cette proposition, qu'ils savaient être illégale et contraire même aux intérêts bien entendus de ceux qui la faisaient, mais qui était présentée comme l'expression de l'opinion unanime des masses qu'on ne devait pas, disait-on, irriter et porter à des excès. En toute circonstance, il faut considérer les hommes, non pas tels qu'ils devraient être, mais tels qu'ils sont. Or, il est arrivé dans cette occurrence que des fabricants qui, le 31 juillet 1830, n'avaient pas craint de braver les baïonnetes sur la place publique, n'ont pas osé encourir le reproche, même mal fondé, d'inhumanité, et exposer leur existence manufacturière au ressentiment des ouvriers, en combattant ouvertement leurs prétentions. Si nous tenons tant à faire remarquer que le langage des fabricants devant les ouvriers a pu et dû être différent de ce qu'il aurait été hors de leur présence ; si nous avons insisté si minutieusement sur tous les détails qui précédent, c'est que la triple faute que fit l'autorité municipale de Lyon, 1° en prenant l'initiative auprès des ouvriers, en quelque façon soulevés ; 2° en mettant les fabricants en collision avec eux ; 3° en s'abstenant de paraître dans une assemblée qu'elle avait provoquée : cette faute, disons-nous, a été la cause et l'excuse de toutes celles qui ont suivi.

« Les délégués des ouvriers, en se retirant de cette réunion, où leur demande avait été faiblement contredite, répandirent partout qu'un tarif du prix des façons allait être établi, et, dès ce jour-là, s'assemblèrent tous les soirs, pour travailler à le faire selon leurs vœux. Voilà l'origine de cette *opinion des masses*, qu'on a alléguée, plus tard, comme un fait irrésistible, dominant toutes les considérations, nécessitant toutes les concessions.

« Le conseil des Prud'hommes, réuni en entier la veille, 11 octobre, s'était déja prématurément occupé de cette affaire. Mais la composition ne permettait pas qu'il portât à cet égard un jugement bien sain, auquel on pût entièrement se rapporter. Certains membres étaient partisans-nés d'une augmentation du prix des façons, quoique soudaine et considérable ; d'autres membres n'étaient pas en position d'en entrevoir toute la portée.

« Ainsi, les prud'hommes ouvriers en soie ne voyaient dans la question d'un tarif que l'intérêt direct et immédiat de leur classe ; les prud'hommes des autres professions, telles que la chapellerie, la fabrique de tulles, des bas, etc., n'y considéraient que l'intérêt de la ville, intérêt qui peut n'être pas toujours identique avec celui de l'industrie de la soirie, comme cela est facile à prouver. Les fabricants, formant à peine le quart de la réunion, représentèrent vainement l'illégalité flagrante et les dangers subséquents de la fixation d'un tarif. Leur opinion ne prévalut pas ; et comme ils se virent en grande minorité , ils ne firent pas constater leur opposition , circonstance qui a laissé croire que la délibération avait été prise à l'unanimité ; ce qui n'est pas.

« On avait beaucoup insisté, dans cette séance du conseil des Prud'hommes , sur la crainte d'irriter les ouvriers ; c'est encore la grande considération que l'on fit valoir dans une séance de la chambre de Commerce convoquée à la Préfecture le 15 octobre. Là , les vices et les dangers du tarif furent formellement reconnus par chacun des assistants en présence de M. le préfet ; cependant, presque tous l'admirent comme une fâcheuse nécessité , dans la crainte des excès auxquels se porteraient les masses soulevées , si l'on trompait leur attente. Toutefois un fabricant des plus distingués , maire d'une commune de dix-huit mille ames , protesta jusqu'au bout , et exigea que son opposition fût constatée dans le procès-verbal.

« Ainsi , les bonnes raisons ne manquèrent pas dans cette assemblée , à laquelle assistaient les chefs du département et de la cité. A la même époque , parut dans le journal *le Précurseur* une série de trois articles consécutifs qui présentaient la question sous son véritable jour. Les autorités civiles ont donc eu toutes les lumières nécessaires pour s'éclairer dans la circonstance, et si elles ont suivi une conduite contraire à la fois aux intérêts de l'industrie et de l'ordre, ce n'est pas faute de renseignements. Au lieu de dissiper les craintes d'une émeute dans l'esprit des Prud'hommes, des membres de la chambre de Commerce et des personnes appelées à donner leur avis, elles semblaient s'attacher à les entretenir et à les propager. Par manque de prévision et par faiblesse, elles avaient laissé s'organiser et se rassembler des masses populaires, et elles s'armaient de ce fait qui leur était tout entier imputable, comme pour arracher de déplorables concessions.

« Le 21 octobre, M. le Préfet convoqua dans son hôtel vingt-quatre fabricants et vingt-quatre délégués des ouvriers pour fixer ensemble le prix des façons ; car son opinion était alors déja formée, et ce magistrat ne voyait d'autres moyens de rétablir l'ordre que de céder aux volontés de ceux qui le troublaient, et d'autre service à rendre à l'industrie lyonnaise que l'établissement arbitraire d'un tarif qui devait la priver immédiatement de la fabrication d'une grande partie de ses produits habituels. Dans cette réunion où les fabricants et les ouvriers étaient de nouveau en présence, les premiers ne furent pas admis à discuter la convenance d'un tarif ; ils furent positivement avertis qu'ils n'avaient qu'à s'occuper de la fixation au minimum du prix des façons, contradictoirement avec les délégués des ouvriers. Mais ils répondirent, ce que M. le Préfet devait bien savoir, qu'ils n'avaient aucune mission pour faire une chose aussi capitale ; et sur cette objection imprévue, M. le Préfet s'empressa de déclarer que les fabricants seraient tous prochainement convoqués pour nommer des représentants chargés de concourir à cette œuvre, à l'égard de laquelle son parti paraissait si bien pris. Mais il ne leva pas la séance sans demander en quelque façon excuse aux délégués des ouvriers du retard apporté à l'accomplissement de leurs désirs, et sans les prier d'employer leur autorité pour empêcher une émeute dans l'intervalle qui allait s'écouler jusqu'à une nouvelle réunion. Sans doute, l'appréhension d'une émeute est concevable, et, à certains égards, même louable de la part d'un magistrat ; mais trembler ainsi devant ceux qui l'ont dans leurs mains, ce n'est pas la prévenir, c'est la provoquer. La preuve en est dans ce qui se passa le soir du même jour. Une affiche posée à la tombée de la nuit ayant annoncé que tous les fabricants étaient convoqués pour le lundi 24 octobre, à l'effet de nommer des commissaires pour concourir à la fixation d'un tarif au minimum du prix des façons, quelques centaines d'ouvriers parcoururent le quartier où sont les principales maisons de fabrique, en proférant des vociférations incendiaires et des menaces de mort, qui eurent pour effet de faire fermer les magasins dans la rue des Capucins et les rues adjacentes. Le lendemain, l'on s'attendait à voir quelques mesures ou du moins quelque affiche concernant les attroupements tumultueux. Il n'en fut rien, le fait ne parut pas assez grave à nos magistrats.

« Le 24 octobre, il ne se présenta dans les trois sections où l'on devait, sur l'appel de l'autorité, nommer des commissaires pour le tarif, que cent quarante fabricants sur près de six cents convoqués. Encore demandèrent-ils que l'on commençât par voter sur la question de savoir si, dans la circonstance, il y avait lieu de faire un tarif. Mais dans chaque section, le président, sans doute par suite des instructions qu'il avait reçues, s'y refusa formellement, disant que l'assemblée avait un but déterminé duquel il n'était pas possible de s'écarter, qu'il fallait procéder à la nomination du nombre désigné de commissaires, et que ces commissaires auraient sans doute le droit d'examiner la question qui se représenterait à eux tout entière. Ce fut après ces préliminaires que la cinquième partie au plus du corps des fabricants, réunie en trois sections, nomma vingt-quatre membres, qui, suivant l'annonce publique précédemment faite, devaient se réunir le lendemain 25 à la Préfecture avec les délégués des ouvriers.

« Dans la soirée qui suivit leur nomination , les vingt-quatre représentants prétendus de la fabrique se réunirent chez l'un d'eux , et là , rédigèrent une lettre adressée à M. le Préfet, dans laquelle ils le prévinrent que si la place de la Préfecture contenait des rassemblements au moment de la délibération à laquelle ils étaient appelés , ils croiraient devoir s'en abstenir , ils le priaient en conséquence de prendre des mesures pour empêcher ou dissiper les attroupements. Mais il n'en fut pris aucune ; le simple déploîment de quelque force militaire aurait prévenu ce qui est arrivé , et ce magistrat paraît , depuis le commencement de cette déplorable affaire , avoir marché constamment vers un but déterminé , l'établissement d'un tarif pour satisfaire à quelque prix que ce fût les ouvriers, et échapper ainsi à une émeute.

« Messieurs les fabricants , en se rendant à cette réunion du 25 octobre , s'imaginaient , d'après ce qu'avaient dit les présidents des sections , pouvoir discuter le meilleur parti qu'il y aurait à prendre dans la circonstance ; il n'en fut rien. M. le Préfet ne permit qu'une chose , la fixation d'un tarif. Au moins ils croyaient être venus pour débattre réellement et librement les bases de ce tarif ; impossible encore : les bases en étaient toutes arrêtées d'avance par les maîtres ouvriers qui avaient mis trois semaines à les délibérer entre eux. C'est alors

que commença une série de choses scandaleuses,
dont le récit ne peut être que très imparfaitement
rapporté.

« Dès le matin, les ouvriers qui, comme nous
l'avons dit en commençant, s'étaient donné une
organisation que les magistrats avaient ignorée ou
permise, et que l'on déplorera un jour amèrement;
les ouvriers, disons-nous, quittèrent leurs métiers
suivant un ordre donné, et vinrent se ranger sur
la place de la Préfecture et lieux circonvoisins au
nombre de cinq à six mille, marchant par es-
couades de deux rangs de dix hommes, comman-
dées par un chef de peloton. Quelqu'un avertit le
Préfet de l'arrivée de cette foule autour de son
hôtel; l'on s'imaginera que ce magistrat prit aussitôt des mesures pour assurer la liberté morale
de la délibération qui se préparait, en faisant ren-
trer dans leurs quartiers respectifs ces milliers
d'hommes venus de toute part avec des intentions
faciles à deviner; il se contenta de descendre dans
la cour déja entièrement obstruée, de leur adresser
quelques paroles obligeantes et de les prier de dé-
barrasser les abords de son hôtel. Cette foule do-
cile à la prière du Préfet, qui devint un ordre en
passant par la bouche des chefs du rassemblement,
se retira, non pas dans les quartiers d'où elle était
sortie, mais sur la place Bellecour, c'est-à-dire, à
cinquante toises du lieu où les délégués des ou-

vriers soumettaient aux fabricants le tarif qu'ils avaient préparé , comme condition de la tranquillité publique , et resta là pendant cinq heures , attendant sans doute ce qu'on lui ordonnerait de faire.

« A peine une discussion dérisoire était-elle commencée dans les salons de la Préfecture , qu'un fabricant , chef d'une maison dont l'industrie donne les moyens d'existence à plus de mille ouvriers de divers genres , se plaignit de l'espèce de guet-à-pens où il avait été attiré , lui et ses collègues ; il déclara que les prix fixés dans le tarif exigé par les ouvriers étaient tels qu'ils auraient pour effet certain de transporter à l'étranger la fabrication de la plus grande partie de l'étoffe unie, et de laisser , à Lyon , sans ouvrage , plusieurs milliers de métiers. Ce fabricant ajouta que , ne voulant prendre aucune part à une mesure désastreuse pour la classe ouvrière elle-même , et par suite pour la tranquillité de la ville , il croyait devoir se retirer ; ce qu'il fit en effet. Les autres fabricants qui restèrent se flattaient encore de l'espoir d'amener les ouvriers à des propositions raisonnables et qui pourraient tout concilier. Mais ceux-ci alléguaient que le tarif apporté par eux , était celui que leurs commettants leur avaient remis pour le faire adopter (et il faut se rappeler que cinq à six mille de ces commettants étaient en expectative à quelques pas de là). Les prétentions des ouvriers, il faut bien le dire, trouvaient un singulier encouragement et un merveilleux appui dans les recommandations de M. le Préfet aux fabricants de vouloir bien se presser et d'en terminer au plus tôt, recommandations qui avaient commencé une heure après l'ouverture de la séance.

« On voit jusqu'à quel point les fabricants délibéraient librement ; ce n'est rien encore , rien auprès de ce qui va se passer. Sur les quatre heures, le bruit se répand parmi les ouvriers qui stationnaient à Bellecour que la fin de la délibération est renvoyée à deux jours. Aussitôt ils se précipitent dans la rue Saint-Dominique , se dirigeant sur la Préfecture , et criant : « Point de renvoi. » Le commissaire central de police , qui était sur les lieux, court à la tête de la colonne , et, pour l'arrêter, il déclare que le bruit répandu est sans fondement. M. le Commissaire disait vrai : il n'y avait pas de renvoi. Mais pourtant il pouvait, ou plutôt il devait avoir lieu ; car huit jours auraient à peine suffi à un travail aussi compliqué que la fixation du minimum des prix des façons de plusieurs centaines d'articles différents. Eh bien ! dans ce cas , que serait-il donc arrivé ? On le devine suffisamment. Aussi, dès que l'annonce de ce qui se passait à l'extérieur se répandit dans les salons de la préfecture , il ne fut plus possible de continuer la moindre discussion. « Dépêchez-vous, disait M. le Préfet, finissez-en, etc. » Quelques fabricants étaient en voie d'obtenir quelques réductions de ceux des délégués des ouvriers avec lesquels ils étaient abouchés. Mais quand on annonça qu'on ne pouvait plus contenir les rassemblements, il fallut bien tout terminer, ou plutôt tout accepter ; c'est en effet ce qui arriva. La place de la Préfecture s'était de nouveau remplie, ainsi que la cour de l'hôtel ; les escaliers mêmes avaient été envahis, et tout-à-fait à la fin de la séance, l'on n'ouvrait que difficilement les portes extérieures des appartements où se tenait la réunion, tellement elles étaient encombrées.

« Enfin, M. le Préfet descendit lui-même pour annoncer le résultat aux ouvriers, qui l'accueillirent avec de grandes démonstrations de joie, après quoi ils se retirèrent dans le même ordre que lorsqu'ils étaient venus. Ceux qui étaient de la Croix-Rousse suivirent, comme ils l'avaient fait le matin, la rue des Capucins dans toute sa longueur, en poussant de grands cris ; ce qui ressemblait assez à une provocation, attendu que ce quartier est le centre des maisons de fabrique, et que cette troupe n'avait nul besoin de suivre cette route pour arriver à sa destination. Le lendemain, le tarif n'étant point affiché dans la matinée, les meneurs contraignirent encore ce jour-là, même avec violence, comme ils l'avaient fait la veille, les ouvriers paisibles à quitter leurs métiers pour venir former des rassemblements destinés à se porter en ville. Enfin, le surlendemain 27 octobre, il fut affiché avec un préambule portant qu'il avait *été librement débattu et consenti*, ce qui était une amère dérision, et après cela, nos magistrats crurent avoir acquis du repos pour long-temps.

« Nous venons de rapporter les faits ; nous devons maintenant nous expliquer sur leurs conséquences.

« Indépendamment de ce qu'un tarif est une chose en complet désaccord avec nos lois et notre état politique, celui qu'on vient d'établir à Lyon annulle, de compte fait, pour notre industrie, un tiers ou une moitié des articles qui se fabriquent à Lyon. En parcourant la nomenclature des nouveaux prix des façons, l'on peut se convaincre que l'augmentation qu'on y a faite élévera certains articles façonnés à peu près au taux auquel le fabricant les livre à la vente ; tel autre article deviendra de 15 à 20 pour cent plus cher que le cours auquel seulement il trouve de l'écoulement ; et enfin la totalité de l'étoffe unie en qualité légère, qui forme plus de la moitié de l'exportation de nos produits en soirie, se trouve frappée de 20 centimes à l'aune ou 8 pour cent au moins sur la valeur totale : différence énorme, quand on considère que nous sommes en concurrence avec les fabricants de la Prusse et de la Suisse, et que nous ne pouvons depuis long-temps soutenir la lutte que par la modicité du gain, soit du fabricant, soit de l'ouvrier. L'étoffe unie, en forte qualité, peut, il est vrai, supporter cette augmentation, parce qu'elle s'adresse à la haute consommation; mais cette sorte de produits ne doit pas entrer pour un dixième dans l'appréciation de ceux de la fabrique lyonnaise.

« De toutes les déplorables concessions faites aux ouvriers, la plus inconcevable est celle en vertu de laquelle le tarif a été rendu exécutoire à dater du 1er novembre, et d'où il est résulté une perturbation immédiate dans les affaires. En effet, il y a toujours en fabrique des commandes pour deux ou trois mois environ ; or, toutes les commissions données depuis quelques jours, ou sur le point d'être données, étant basées sur le taux des façons des mois d'octobre et de septembre, il est arrivé que les fabricants en ont rendu une grande partie, et en ont refusé d'autres qui les auraient constitués en perte.

« L'autorité doit donc songer à mettre en réserve de quoi nourrir quelques milliers de personnes qui vont se trouver à peu près sans pain à l'entrée de l'hiver; car l'on sent bien qu'il n'y a aucun moyen de persuasion qui puisse engager des manufacturiers à continuer un genre de fabrication qui les ruinerait au bout d'un certain temps.

« Nous ne nous sommes point hâtés de réclamer auprès de l'administration supérieure, parce que, dans le premier moment, notre démarche eût pu paraître le résultat de l'irritation. C'est donc avec calme, avec réflexion que nous venons aujourd'hui signaler le mal, et déclarer qu'il est déja commencé. La plupart des métiers dont les pièces ont été finies depuis huit jours, n'ayant pas été remontés par les causes que nous avons expliquées, les ouvriers ont prétendu qu'il y avait complot contre eux de la part des fabricants. De là des propos menaçants, de là des attroupements qui effraient certains quartiers, de là quotidiennement la mise en armes de la presque totalité de la garde nationale, de là enfin, désordre dans la fabrique, et bientôt peut-être dans la ville.

« Nous avons exposé nettement l'état des choses et ses conséquences inévitables ; nous venons maintenant demander au gouvernement de faire en sorte que notre administration comprenne les intérêts de notre industrie et assure la tranquillité de notre ville.

« Des chefs d'établissements qui livrent annuellement à la consommation intérieure et à l'exportation, pour quatre-vingt millions de produits, ont droit de compter sur une haute protection qui sans doute ne leur manquera pas. »

Cette protestation étant venue à la connaissance des ouvriers, et quelques fabricants ayant dit hautement que le tarif était nul à leurs yeux, les ouvriers formèrent entre eux le projet d'arrêter les métiers qui travaillaient au dessous du prix fixé par le tarif. Cette mesure parut aux fabricants une provocation, qu'ils crurent devoir réprimer. Tels sont les événements qui précédèrent et amenèrent cette époque sanglante de notre histoire.

PETITE STATISTIQUE.

La Croix-Rousse a vingt mille habitants ; on y compte dix mille métiers occupant quinze mille personnes ; il y a environ cinq mille ouvriers compagnons.

La Croix-Rousse était devenue le rendez-vous des ouvriers en soie, qui s'y rendaient de toutes les parties de la ville et des faubourgs, sur la seule invitation de leurs syndics.

Le corps des ouvriers en soirie avait reçu une organisation occulte par décuries et par centuries. Il suffisait de l'espace d'une heure pour les réunir sur un point désigné.

Lyon avait dix-huit cents hommes de garnison et dix mille hommes de garde nationale, dont les trois quarts au moins étaient composés d'ouvriers de tout état ; ceux-ci restèrent neutres dans les événements qui ensanglantèrent nos foyers, si toutefois ils n'aidèrent pas de leurs moyens les ouvriers en soie, leurs camarades ou amis.

Lettre

aux Ouvriers lyonnais.

Ce n'est ni comme général d'armée, ni comme préfet du département, ni comme maire de la ville ou de l'un de ses faubourgs, que je vous parle : je suis votre concitoyen, votre ami, LYONNAIS comme vous. Je vis du produit de mon travail ; mais j'ai vécu plus que vous.

ÉCOUTEZ :

En 1793 nous résistâmes aux volontés du gouvernement d'alors ; ce que nous demandions nous paraissait juste et raisonnable. On repoussa nos vœux ; et les ennemis enracinés de notre régénération politique, d'accord sur ce point avec les étrangers jaloux de notre industrie et de notre prospérité, profitèrent de nos discordes, pour jeter dans nos rangs administratifs et militaires des hommes qui leur étaient vendus pour seconder leurs projets perfides.

Ces hommes étaient décorés de nos couleurs nationales, et parlaient notre langage ; nous eûmes le malheur de les accueillir et d'aider une cause secrète, sans nous en douter. Nous succombâmes après un siége opiniâtre de 63 jours, pendant lesquels nous éprouvâmes toutes les horreurs que la guerre civile traîne avec elle : l'incendie, la famine, la mort !...... Nous fûmes traités en rebelles ; plus de 1900 de nos courageux citoyens furent sacrifiés à la rage des vainqueurs ; nos édifices publics et particuliers furent démolis, nos habitations dévastées, le restant de notre population proscrite, notre territoire départemental divisé, et, pendant un an, notre ville natale perdit son nom : on l'appela *Ville-Affranchie*.

Le sang français vient de couler de nouveau dans nos murs, il a été versé par des Français ! ! ! ! (1).

Le vainqueur et le vaincu n'avait tort ni l'un ni l'autre ; les fauteurs de cette affreuse catastrophe s'étaient lâchement enfuis pour s'éviter d'y prendre part.

LA VILLE DE LYON PLEURE SES ENFANTS DES DEUX PARTIS.

Maintenant nos magistrats s'occupent d'améliorer promptement votre situation ; ils vous l'on solennellement promis....... Ils tiendront parole.

Cependant ils ne peuvent aller aussi vîte que les circonstances paraissent l'exiger.

(1) M. Rosaz, auteur et propriétaire conservateur de la collection générale des Monuments lyonnais modernes, pour servir à l'histoire de la révolution française, depuis 1789 jusqu'à ce jour, a eu l'heureuse idée en commémoration des déplorables événements dont nous avons été témoins, de frapper en médaille les plombs meurtriers, tirés par les ouvriers ; les balles ont été ramassées sur les champs de bataille, extraites des plaies des blessés ; les 26 médailles qu'on a pu se procurer de la sorte, sont en vente chez Auguste Baron, libraire, éditeur de ce livre.

Attendons donc avec confiance, et en attendant, prenez bien garde à ces émissaires étrangers à votre cause et à nos vœux, artisans de trouble, de discorde et de pillage; ils parleront aussi votre langage, ils arboreront aussi nos couleurs nationales, ils parleront même plus haut que vous de vos droits et de vos griefs, ils ne craindront pas de calomnier la conduite paternelle de nos magistrats, ils tenteront de vous pousser à la révolte, même la plus insensée, comme ils le firent jadis, pour essayer encore une fois de ressusciter une cause à jamais perdue, celle d'un pouvoir tyrannique, au risque (que leur importe!) de voir renouveler les scènes de sang, de dévastation et de deuil dont nous fûmes les victimes il y a 38 ans, et, plus récemment encore, en 1817; époque affreuse de déception et de férocité inconnues jusqu'alors......

Vous vous connaissez tous, comptez-vous bien et chassez de vos rangs tous ceux qui ne seraient pas sévèrement éprouvés. Si nous sommes tombés dans une erreur par trop funeste en 1793, nous pouvons facilement en éviter une semblable en 1831.

Mes conseils ne sauraient vous être suspects, ni même indifférents : j'étais chasseur de La Croisette pendant le siége; j'ai été proscrit et fugitif pendant la terreur de 1793; j'ai acquitté ma dette civique en 1815; j'ai été proscrit et fugitif pendant la terreur de 1816; j'étais dans les rangs parisiens à l'attaque du Louvre en 1830; je n'ai jamais occupé d'emploi public salarié ou gratuit........ ma position personnelle ne s'est améliorée sous aucun régime.

Ralliez-vous donc aux autorités légalement constituées, et n'oublions jamais que l'union fait la force, et que l'ordre public assure la liberté pour tous.

A Lyon, le 23 novembre 1831, 4 heures du soir.

S. L. ROSAZ.

HISTOIRE DE LYON

PENDANT

LES JOURNÉES DES 21, 22 ET 23 NOVEMBRE 1831.